AF467134

A Monsieur le Comte

A. DE VILLARSON

Monsieur,

L'avis que vous avez fait insérer le 17 décembre aux annonces judiciaires du *Salut Public* et du *Courrier de Lyon*, a attiré sur nous l'attention de bien des gens peu habitués à ces sortes de communications. J'ai dû y répondre pour calmer les inquiétudes des fournisseurs auxquels j'avais, sur votre demande, fait diverses commandes d'ouvrages pour le château de Blacé.

Cependant mes réponses insérées dans ces journaux le 20 et le 26 décembre, n'ont pu détruire l'effet de vos malveillantes allégations colportées de toutes parts, par suite de la légèreté qui vous est habituelle, et surtout par les lettres que vous avez écrites à plusieurs personnes honorables hors d'état de contrôler vos assertions.

Puisque le public est mis par vous dans la confidence de nos affaires, il est juste qu'il soit renseigné sur la cause et l'origine de notre division ; car pour certaines gens qui aiment les petites et vilaines choses, il y a là une source de calomnies à laquelle va se désaltérer leur esprit; mais pour les personnes sérieuses, honnêtes, qui me font l'honneur de leur estime, il y a dans tout le bruit qui se fait à mon sujet une cause d'inquiétude et d'affliction.

Dans la position où je me trouve par rapport à vous, qui vous abritez d'un blason dont le passé est honorable, il y a évidemment pour moi un désavantage qui eût touché un homme de cœur. Cette considération, non plus que celles que je vais exposer, ne vous ont point arrêté. Je me vois donc obligé de mettre un moment de côté ce blason et de vous montrer à découvert.

Lorsque par votre lettre du 29 août 1863, vous m'invitiez à aller à Blacé pour me charger de la direction des travaux de votre maison, que vous vouliez transformer en un château, vous aviez, je suppose, pris tous les renseignements qui pouvaient vous édifier sur le mérite de l'architecte à qui vous alliez confier d'importants travaux.

Dans ce moment, je construisais le château de Beauregard ; c'est là que vous êtes venu me chercher. D'ailleurs, les personnes qui voulurent bien vous parler de moi me connaissaient depuis plus de deux ans et savaient à quoi s'en tenir sur mon compte.

Je n'hésitais pas à aller de suite vous voir. Si d'habitude je ne vais pas solliciter les clients, j'attache du moins un grand prix à la confiance et à l'estime qui viennent trouver l'artiste dans son atelier. Aussi les clients qui me font l'honneur de me demander, trouvent, en retour, un dévouement inaltérable à leurs intérêts, à leur réputation.

L'accueil que je reçus à Blacé fut bienveillant, je dois le reconnaître; vous me fîtes un exposé du programme que je devais suivre, à savoir :

Conservation de la maison existante et annexion de deux pavillons avec tourelles pour recevoir un salon au midi, et une salle à manger à l'autre extrémité de la maison.

Je fis un premier avant-projet; puis un deuxième qui fut agréé par vous; le devis sommaire qui l'accompagnait s'élevait pour ce projet, *agrandi depuis*, à 42,447 francs, non compris les honoraires de l'architecte et ses frais de voyages.

Vous trouvant à Lyon, place Sathonay, vous me fîtes appeler pour donner un dernier coup-d'œil à mon travail et me donner vos instructions définitives. Là, on me donna l'ordre formel de commencer de suite les travaux et de les pousser avec la plus grande activité; on déclara s'en rapporter à moi pour le soin de vos intérêts; pour faire les traités avec les fournisseurs, en fixant, toutefois, les payements par semestres fin juin et fin décembre. Enfin, l'on me montra une confiance entière dont j'avais le droit d'être honoré puisqu'elle était spontanée.

Les premiers traités faits en ma double qualité de votre fondé de pouvoirs et de votre architecte, furent ceux du maçon, du charpentier et du serrurier pour les planchers en fer. Les ayant présentés à Blacé, à votre examen et à votre approbation, vous me dîtes, en présence d'un des fournisseurs : *Faites comme pour moi, je m'en rapporte à vous, signez-les en mon nom.*

Nos rapports prirent bientôt le caractère d'une véritable confiance mutuelle ; vous me considériez comme un ami. Vous me paraissiez expansif, liant, généreux ; je fus bientôt dévoué à votre maison, à votre honneur.

Les occasions de montrer mon dévouement ne tardèrent pas à se présenter. J'entendis, peu de temps après nos premières relations, des paroles sévères, des propos humiliants pour la bonne foi que je vous attribuais. Je pris parti pour vous ; car sachant qu'une supériorité quelconque est exposée souvent aux jalousies, je vous considérais comme un de ces hommes fortunés aux prises avec l'envie.

D'ailleurs, je ne connaissais de votre histoire que celle que vous m'aviez apprise, un soir du mois de novembre 1863, en me remettant la biographie de vos ancêtres, dans le but de favoriser mes recherches historiques touchant votre nom, et de faire copier à Versailles le portrait de l'amiral de Culan.

Je m'étais déjà aperçu de quelques divergences de vues et de goûts entre vous et votre épouse, au sujet de l'ornementation et de la physionomie à donner au château. J'étais placé, d'une part, entre des désirs modestes, simples, soutenus par l'influence de la possession de la fortune de votre maison, et d'autre part, par des goûts plus chevaleresques, plus opulents, qui vous portaient aux démonstrations nobiliaires de votre naissance.

Ma position devenait, par cela même, assez délicate; je devais garder une prudente réserve et me tenir dans une sage mesure entre des influences contraires et respectables toutes deux. Cette situation d'esprit me suggéra l'idée de proposer un thème de décoration, pour votre nouveau salon, tiré de l'un des faits les plus attrayants de l'histoire de France.

Le portrait de l'amiral de Culan devant y figurer avec l'un de ses compagnons d'armes qui concoururent avec lui à la délivrance d'Orléans, j'eus la pensée de placer la statuette de Jeanne d'Arc dans l'endroit le plus apparent, avec le portrait numismatique de Charles VII en face d'elle; c'était un moyen d'utiliser, au profit de l'histoire, vos désirs d'opulence. Cela conciliait aussi les amours-propres, et c'était déjà quelque chose que d'y réussir.

Cet ordre d'idées fut adopté par les maîtres de la maison; il le fut si bien par vous, Monsieur, qu'à la vue du dessin du salon que je vous présentai ensuite, vous me dites: « Je ne veux pas du modèle de la statue par la princesse Marie, j'en veux un autre. » C'est alors que je chargeais un statuaire de faire quelques recherches et de préparer une étude de statuette de Jeanne d'Arc pour être exécutée en marbre blanc et servir de décoration unique à une cheminée riche et aussi en marbre blanc.

Vous vîtes un peu plus tard, dans mon cabinet, une maquette en cire représentant l'ensemble de la cheminée et de la statuette, et j'indiquai devant vous une modification proposée dans la forme de la cheminée.

Tout allait pour le mieux entre le châtelain de Blacé et son architecte; vous vous montriez enchanté de mes services, et moi je parlais de vous comme d'un gentilhomme libéral et sans préjugés.

Un jour du mois de décembre de l'année 1863, comme vous me conduisiez à Villefranche, vous me fîtes un aveu suivi de cette demande :

« J'ai obligé un chef de gare de nos localités en lui « prêtant de l'argent dans une circonstance difficile « pour lui; il n'est pas en mesure de me rendre cet

« argent dont il faut que je fasse compte; je suis « très embarrassé, M. Martin : pourriez-vous me trouver, « d'ici à la fin du mois, quatre mille francs? » Ces quatre mille francs étaient bien loin de moi, — on sait combien les travaux de goût rapportent lentement à leurs auteurs, — lorsque ceux-ci demeurent dans la sphère qui leur est propre. — Mais je vous répondis sans hésiter : Je vais m'en occuper, je ferai mon possible pour vous les trouver.

Quelques jours plus tard, retournant chez vous, je répondis à votre question sur ce sujet : Vous pouvez compter pour la moitié à la fin du mois. Vous me dîtes alors de les porter rue Bourbon, au café du Cercle. Ceci se passait, vous le savez, avant que j'eusse reçu le premier versement destiné aux ouvriers. Pour cette somme prêtée, vous me fîtes deux billets à ordre de mille francs à six mois d'échéance; j'ai dû les garder quelque temps sans pouvoir les utiliser.

Dans les premiers mois de l'année 1864, me ramenant à la gare, vous me fîtes vos premières confidences sur quelques déboires au jeu. Je ne vous savais pas joueur, et j'ignorais qu'il existât un certain *jeu de pata* au moyen duquel on pouvait, en quelques tours de cartes, gagner plusieurs mille francs à un ami. Cette révélation me causa autant de surprise que de peine, et je commançais dès-lors à entrevoir de fâcheuses circonstances pour le repos et la considération de votre maison; je ne fus pas non plus absolument rassuré sur l'avenir de nos relations. Mais j'étais habitué chez vous à ce respect et à cette déférence qui n'excluent pas un avis à une personne d'une position sociale élevée. Aussi vous savez quelles observations je vous fis sur des entraînements qui vous conduisaient à de pareils mécomptes. Je dus, toutefois, rester sourd à une nouvelle demande, indirecte il est vrai, que vous me fîtes à cette occasion.

Vous m'aviez remis une première fois, en janvier, une somme de 5,746 francs, y compris 600 francs qui m'avaient été attribués pour à compte sur mes frais de voyages et honoraires. Le deuxième versement allait se faire pour être distribué, ainsi que le premier, aux divers fournisseurs ; car il est bon de noter en passant que ce fut sur la demande des propriétaires de Blacé que je consentis à recevoir l'argent pour être employé de la manière la plus équitable au profit des fournisseurs. A ce moment, avant la fin de juin, vous me fîtes connaître qu'il vous serait agréable d'avoir le moins d'argent possible à compter pour ce deuxième versement.

J'étais déjà suffisamment édifié sur votre état de gêne pour me croire obligé de concilier vos convenances personnelles avec les besoins des ouvriers, sans rien sacrifier toutefois de la dignité de votre maison vis-à-vis de tout le monde; c'était affaire de tact et de détails que j'arrangeais dans les conventions que j'eus l'occasion de passer à cette époque et par la suite avec les fournisseurs; je vous répondis qu'avec douze mille francs je pensais me tirer d'affaires. Je m'en suis tiré, en effet, tant que j'ai été seul à m'en mêler; mais malheureusement je m'aperçus bientôt qu'une influence étrangère à la mienne suscitait les obsessions des fournisseurs ; ils avaient vis-à-vis de moi des attitudes singulières qui provoquèrent mes questions ; j'appris ainsi que, dans un but que je ne soupçonnais pas alors, mais que je distingue clairement aujourd'hui que je vous connais mieux, vous excitiez leurs réclamations en exagérant auprès d'eux l'importance des sommes que je touchais.

Les uns me dirent tenir de vous-même que j'avais reçu vingt-sept mille francs, d'autres un peu moins. Si l'on n'était pas absolument fixé sur le chiffre, on paraissait du moins convaincu que j'étais dépositaire de sommes plus importantes que celles que j'accusais.

C'est ici le lieu de rappeler quelques faits importants, au risque de fatiguer l'attention des lecteurs par une lettre déjà bien longue.

En recevant de vous et de madame votre épouse, pendant votre séjour à Lyon, en juillet, à l'hôtel Beauquis, les douze mille francs dont je viens de parler, je vous délivrais un reçu de pareille somme. Mais en quittant l'hôtel, je fus accompagné par vous, et au milieu de la place Bellecour, il s'établit entre nous ce petit dialogue :

« — M. Martin, j'ai besoin de deux mille francs pour « payer les deux billets de mille francs que je vous ai « souscrits en décembre dernier.

« — Quand vous les faut-il, monsieur?

« — Mais tout de suite, vous les avez sur vous, la « chose est facile.

« — Entrons alors dans un café et vous me ferez « deux billets de mille francs que je ferai négocier pour « remplacer ce que vous allez me prendre. »

C'est dans le café de l'Univers, vous le savez, que je me suis exécuté.

Ces deux nouveaux billets ont été vainement présentés à plusieurs banquiers de Lyon : votre situation morale et financière y était connue sous un aspect que je ne soupçonnais pas.

Aussi il est aisé de comprendre que je dus avoir

quelques embarras, et cela avec d'autant plus de motifs que vous pratiquiez avec un certain succès ce double jeu qui consistait à semer contre moi les défiances, et à provoquer les sollicitations, pendant que j'étais chez vous l'objet des démonstrations les plus amicales.

Ceci était déjà assez grave; mais voici bien autre chose :

La maison G.-A., de Lyon, vous produit une note de 12,536 francs pour des objets ne se rapportant nullement à la construction que je dirigeais chez vous. On en réclame le paiement après dix-huit mois, je crois; mais dans cette circonstance comme dans toutes celles où il vous faut payer, vous trouvez cette note exagérée. Vous me priez de faire comme votre chargé de pouvoirs, une tentative auprès de la maison G.-A. pour faire acquitter, au prix de 10,000 francs, ladite facture; vous me remettez 10,000 francs dont je vous donne reçu.

Je fais plusieurs visites infructueuses chez M. G.-A. Mes sollicitations sont désarmées par des considérations que l'on m'expose avec politesse, mais aussi avec fermeté. Vous partez à Blacé en me confiant la solution de cette affaire. Mais vous trouvez en rentrant chez vous une lettre de la maison G.-A., lettre pressante que vous me retournez avec des instructions conçues en ces termes :

« Mon cher Monsieur, ci-joint une épître de madame « G. J'irai à *onze mille*, autrement je demande des ex- « perts. Signifiez-le énergiquement et au plus tôt. Mon- « trons les dents que la nature m'a données, et sachons « combattre la bohême de l'or qui ne vaut pas, à mon « avis, celle de la pauvreté et des restaurants *au hasard* « de la fourchette. Cette offre est mon ultimatum. Si

« vous n'avez pas absolument besoin de venir avant « jeudi, venez ce jour, j'aurai quelques personnes à « dîner et je serai enchanté de vous avoir avec eux.....

« Tout à vous, Comte DE VILLARSON. »

Je ne reproduis pas la fin de la lettre qui se rapporte à un saumon et à un dindonneau.

Ne jugeant pas nécessaire de suivre vos instructions à la lettre, j'adresse simplement à la maison G.-A. une lettre chargée pour lui renouveler l'offre des 10,000 francs. On ne me répond rien.

Un ou deux jours après, vous venez à Lyon et vous me dîtes que vous vous décidez à remettre les 10,000 fr. comme à-compte. Je vous conduis aussitôt aux comptoirs du Crédit Lyonnais, où je vous rends les 10,000 francs, — c'était le 15 juillet; — vous me les aviez remis le 5 et je les avais mis en dépôt le sept.

Tout ceci avait donc pris une huitaine de jours, pendant lesquels l'argent que vous m'aviez confié avait été mis ainsi en sûreté.

Eh bien, ce fait vous fournit un texte à des allégations aussi insensées que perfides : il me revient plus tard, et de différents côtés, — à Anse, à Lyon, à Trévoux, — que vous prétendiez m'avoir « confié une « somme de *douze mille francs* pour payer une facture « chez une dame, et que j'en avais fait une spécula- « tion à mon profit; que vous aviez dû employer des « menaces pour me faire restituer cette somme, et en- « core qu'elle n'était pas sortie intacte de mes mains..., « etc., etc. »

Notons bien que pendant que ces aménités se répandaient, votre correspondance avec moi avait toujours les formes les plus cordiales. Voici une de vos lettres du mois d'août :

« Mon cher Monsieur, François va à Lyon pour en « ramener divers objets. Il reviendra demain soir et « sera à Blacé vers neuf heures. Afin de vous débarras- « ser de mille petites commissions que je me suis per- « mis de vous donner, je lui ai dit de passer chez vous, « de les prendre, de vous donner l'heure de son re- « tour et de vous offrir une place, s'il vous convenait « de faire la route de cette façon. En tous cas, nous « comptons sur vous. »

Me trouvant un jour au nombre de vos invités, qui fêtaient votre retour d'un voyage en Allemagne, — disiez-vous, — je reçois en présence de vos amis les plus chaleureuses démonstrations, et vous me dites : « Mon- « sieur Martin, je vous ai prôné sur les bords du Rhin, « j'ai fait votre réputation dans le grand duché de « Bade. »

C'était sans doute pour faire compensation à celle que vous me faisiez sur les rives de la Saône.

Quoi qu'il en soit, votre duplicité s'aggravait encore par ces protestations que vous m'écriviez plus tard : « Je regrette sous tous les rapports l'accident « qui vous est arrivé ; je désire avoir avec vous une « explication sur différents sujets. Je veux mettre éner- « giquement un terme à différentes choses que je ne « peux accepter. Vous avez rapporté de prétendus pro- « pos qui sont complètement en désaccord avec mon « caractère ; *je dis ce que je pense en face et non en ar- « rière des gens.* »

Quand je suis allé à Blacé, après cette lettre, vous vous êtes bien gardé d'aborder cette explication ; j'étais pourtant en face de vous, je l'ai provoquée cette explication, mais vous avez parlé de tout autre chose.

Dans une autre circonstance où il s'agissait d'une mesure préservatrice de vos intérêts, vous vous répandez en invectives contre moi, devant les personnes qui se trouvaient à table avec vous. Un témoin qui me connaissait, et qui venait d'entendre cette nouvelle sortie de votre esprit en train de digérer, quitte la maison où vous dîniez; vous le faites chercher pour l'emmener dans votre maison, et là vous vous répandez en protestations et en supplications pour obtenir son silence auprès de moi.

Votre avoué m'a exposé un petit grief que vous relevez à ma charge, au sujet d'un emprunt de quelques francs fait à Villefranche. Il faut encore là vous redire ce que vous savez à ce sujet.

Pressé par une échéance étrangère aux travaux, — vous n'aviez pas que celle-là, vous trouviez crédit sur les travaux que j'exécutais, — vous me priiez, au commencement du mois d'août, de vous faire négocier, n'importe où, deux billets de mille francs que vous souscrivez à mon ordre; vous veniez de m'en donner d'autres pour le service des travaux, et particulièrement pour mon usage, puisque je n'avais encore presque rien touché. Ces billets souscrits par vous, et non garantis par votre maison, ne pouvaient d'ailleurs entrer définitivement en compte qu'après leur payement à échéance. — A l'heure qu'il est, plusieurs sont protestés depuis longtemps et ne sont pas payés.

Vos deux billets destinés à payer votre échéance qui arrivait le 15 août, ne furent pas négociés. Un jour que vous aviez quelques amis à dîner, je vous prévins qu'il ne fallait pas y compter.

Nous n'étions pas assez loin des regards de vos amis pour que le côté mimique de votre conversation ne trahît pas votre désappointement, et l'on put supposer que nous nous entretenions de choses graves relatives à votre construction. Cependant le nuage qui assombrissait votre front se dissipa pendant le dîner.... Vous veniez de trouver dans les fertiles aptitudes de votre imagination un moyen de suppléer à mon défaut de zèle. Un obligeant voisin, me dîtes-vous ensuite, vous prêta les deux mille francs que vous me remîtes le lendemain matin. Je pars aussitôt à Lyon pour retirer ce billet : il était déjà protesté le jour même, et j'arrive trop tard chez le banquier pour le retirer. On le retourne à Villefranche, où je vais le chercher, et là, pour mettre votre crédit à couvert chez le banquier, je dis que c'est par suite d'un oubli de ma part que ce billet lui est retourné. Le banquier me promet de ne pas vous le dire, et il me réclame une note de frais dont le chiffre me surprend. Pourtant, après quelques heures, je retire enfin ce billet, que je vous rends ensuite avec les deux autres que vous m'aviez souscrit dans le but de le remplacer.

Est-il besoin d'expliquer maintenant que le résultat de votre conduite, rapprochée de tous ces faits, fut de me rendre suspect de complaisances blâmables auprès des gens les moins clairvoyants.

Aussi ne pouvant tolérer indéfiniment une situation pleine de périls pour ma réputation, je dus faire en sorte que les principaux faits se rattachant à notre compte particulier, ne restassent pas ignorés de tout le monde ; j'étais résolu d'ailleurs à y mettre un terme en demeurant désormais étranger au maniement des fonds.

Je voulais pourtant ménager votre amour-propre, j'en avais expliqué la raison. Je tenais à vous amener à un aveu de votre situation financière avec votre architecte.

Aussi, je vous l'ai dit alors, j'hésitais quelque temps à adresser à votre maison le bordereau de ma comptabilité, dans lequel figurait naturellement l'argent retiré par vous. Enfin, pressé par une circonstance fortuite, se rattachant à une note à solder, je vous adresse, le 4 novembre, un bordereau des sommes reçues et des sommes payées. — Voici ce bordereau résumé :

Etat de situation des comptes au 4 novembre 1864, *justifiant l'emploi des sommes reçues de Monsieur le comte et de Madame la comtesse de Villarson.*

SOMMES REÇUES PAR M. MARTIN.		EMPLOI DE CES SOMMES.	
1864 Janvier. Reçu de Monsieur et de Madame......	5,746 »	Il est payé à dix-sept fournisseurs ou ouvriers une somme de......................	17,714 45
— Juillet. Reçu de M^r^ et de Madame......	12,000 »	Il reste disponible.	31 55
Total....	17,746 »	Somme égale..	17,746 »
Sur lesquels 2,000 francs ont été repris par M. de Villarson contre deux billets à ordre.		Sur la somme payée, 2,000 fr. ont été payés en deux billets de mille fr., le reste en espèces.	

Une lettre accompagnait le bordereau ci-dessus ; voici les parties qui s'y rapportent :

« Monsieur le Comte,

« J'ai l'honneur de vous adresser, avec cette lettre, « un état de situation des comptes au 4 novembre 1864, « justifiant l'emploi de sommes reçues de vous et de « madame, et s'élevant à dix-sept mille sept cent qua- « rante-six francs.

« Je ne fais pas figurer dans cet état les trois billets « à ordre de mille francs chacun que vous m'avez sous- « crits en particulier, et dont l'un, échu fin septembre « dernier, est en souffrance, comme vous le savez ; lors- « qu'ils seront encaissés je vous en ferai compte....

« Je vous prie, monsieur le Comte, de m'accuser ré-« ception de la présente, ainsi que de l'état qui l'accom-« pagne, et à l'appui duquel je tiens à votre disposition « les reçus, si vous les désirez. »

Le surlendemain je reçois de vous une lettre sans date, mais timbrée à la poste de Villefranche le 5 novembre ; la voici :

« Monsieur Martin, il faut envoyer le plus tôt pos-« sible l'ouvrier qui doit bitumer la terrasse; les voûtes « sont traversées par l'eau.

« Comte DE VILLARSON.

« P. S. Vous voudrez bien apporter les reçus à votre « prochain voyage, et nous discuterons le compte « que vous m'envoyez. »

Le prochain voyage a lieu le 9 novembre ; je ne vous trouve pas chez vous. On vous envoie chercher dans le voisinage, en vous annonçant mon arrivée ; vous répondez : « Que l'on ne m'attende pas pour dîner, je « rentrerai tard. »

Naturellement j'ai occasion de parler à madame votre épouse de l'envoi que j'avais fait le 4. Madame l'ignorait; elle n'avait rien vu. Je pressens dès-lors votre désir : vous vouliez me voir *seul*.

Aussi, votre irritation se fait sentir lorsque, en rentrant à minuit, vous vous apercevez que l'entretien va avoir lieu *à trois* au lieu d'avoir lieu *à deux*, au sujet de votre budget. Prenant de suite une attitude agressive, pour compenser la situation évidemment inférieure où vous alliez vous trouver, vous refusez d'exhiber le bordereau envoyé le 4, et vous élevez, à mon sujet, deux griefs dans le but de me présenter comme suspect d'infidélité et de mauvaise foi. L'un de ces griefs se rapporte à l'inadvertance d'un banquier me remettant, au mois de septembre dernier, sur votre signature, mille francs de trop; inadvertance loyalement reconnue de part et d'autre, et qui ne pouvait au surplus préjudicier à personne. Vous m'aviez dit de les porter à votre compte.

L'autre grief, qui constituait une véritable calomnie, était, selon vous, un détournement au préjudice d'une de mes plus honorables clientes, dont vous citez le nom, en vous appuyant du dire de M. P...., architecte, habitant près Villefranche.

Disons, en passant, que vous attribuiez à M. P.... une action bien méprisable, et un rôle bien peu en rapport avec ses habitudes religieuses et sa réputation de piété.

Ne jugeant pas nécessaire de faire intervenir M. P.... dans le démenti que j'étais sûr d'obtenir promptement, et d'une façon catégorique, je vais le lendemain de bonne heure chez ma cliente, qui était absente dans le moment, mais qui, en rentrant chez elle, me fit l'honneur de m'écrire la lettre suivante:

« J'apprends, Monsieur, que l'on m'accuse d'avoir
« dit que vous me deviez de l'argent: c'est faux. Il
« n'entre pas dans mes habitudes religieuses, et de
« femme comme il faut, de dire des choses injustes et
« calomnieuses.

« Dans un salon du Beaujolais, on a parlé des répa-
« rations très-belles faites par vous, monsieur, dans un
« château. J'ai dit: je connais cet architecte dont on
« sera fort content, car il est bien, il a du goût. Je suis
« donc désolée que l'on se soit permis de me faire parler
« de choses qui *n'existent pas* et n'ont jamais existées.

« Veuillez donc, Monsieur, vous mettre au-dessus de

« toutes ces histoires inventées à plaisir. Je serais dé-
« solée de nuire à *n'importe qui*, surtout quand je n'ai
« eu qu'à me louer du travail que je vous ai confié, et
« que vous devez rester à la hauteur où vous êtes
« placé. »

En même temps que j'envoyais à Blacé la copie de cette lettre, dont je viens de reproduire les passages les plus saillants, — vous offrant de mettre à votre disposition l'original, — je vous adressai sous pli chargé, à la poste, les reçus des divers fournisseurs, avec les indications qui pouvaient vous permettre de vérifier l'exactitude de ma comptabilité.

Vous m'en accusez réception par la lettre suivante :

« 12 novembre 1864.

« Monsieur, j'ai reçu votre pli et son contenu, mais
« ce qu'il me faut encore c'est le compte de C.... et des
« autres individus qui vous ont donné des reçus.

« J'établirai ensuite votre état et le mien.

« Comte de Villarson. »

Le 15 décembre, je vous écris la lettre qui suit :

« Je viens de demander les mémoires des fournis-
« seurs et des ouvriers qui travaillent au château ; à
« mesure qu'ils me parviendront je les vérifierai et vous
« les enverrai aussitôt. »

Pendant la durée des grosses constructions et des travaux extérieurs, tels que maçonnerie et pierres de taille, charpente et couverture, j'allais visiter mes travaux une fois par semaine. Les divers ouvriers de cette localité, peu habitués à une discipline nécessaire sous la conduite d'un chef de chantier, avaient besoin d'une surveillance très suivie, soit pour les soins à apporter aux divers ouvrages qui leur étaient confiés, soit pour la constatation des travaux qui s'exécutaient, et qui pouvaient être cachés à l'époque du règlement des mémoires. La fréquence de mes voyages est attestée par vos lettres.

Le 10 novembre, ces travaux étaient à peu près achevés; ma présence sur le chantier était momentanément inutile; d'ailleurs les ouvrages intérieurs, comme les menuiseries et les décors, s'exécutent à Lyon en grande partie. Je n'avais donc, après ce qui venait de se passer, aucun motif de retourner à Blacé sans y être appelé par les nécessités de mon service. Cependant, dans le but de me renseigner sur l'état de quelques travaux accessoires, je mets sous un pli, que je vous adresse le 20 novembre, une note destinée à l'un des ouvriers, en vous priant de la lui remettre. Celui-ci me répond que tout marche sans encombre, et que ma présence n'est pas nécessaire pour le moment.

Le 21, je reçois de vous une lettre avec un mémoire dont on vous réclamait le payement, et que vous m'invitez à vérifier; je vérifie ce compte ainsi que trois autres qui venaient de m'être remis par plusieurs ouvriers, et je les porte le 1er décembre chez Me Ginon, qui n'en garde qu'un seul à l'occasion duquel des poursuites étaient commencées.

Le 7 décembre, je reçois la signification suivante :

L'an mil huit cent soixante-quatre, et le sept décembre, je Simon Mont-Rochet, etc., etc.,

A la requête de M. le comte de Villarson, rentier, demeurant à Lyon, rue d'Algérie, lequel fait élection de domicile en l'étude de Me Ginon, avoué, demeurant à Lyon, rue Bât-d'Argent, 11 ;

Ai déclaré et signifié à M. Martin, architecte, demeurant à Lyon, rue des Remparts-d'Ainay, 7, en son domicile, parlant à sa personne ainsi déclarée ;

Que le requérant lui réitère le retrait de tout pouvoir de s'occuper des réparations de son château de Blacé, avec interdiction de faire désormais aucune commande ;

Et en même temps, sommation est faite audit M. Martin de délivrer au requérant, ou à Me Ginon, son avoué, les comptes de tous les travaux et de toutes les fournitures qu'il a commandées, avec les mémoires détaillés à l'appui, et l'état des sommes par lui reçues et par lui employées, ainsi que les pièces justificatives ;

Lui étant déclaré qu'à défaut de cette reddition de compte, dans un délai de dix jours, le requérant se pourvoiera comme de droit.

A quelle fin je lui ai laissé copie. Coût, 4 fr. 80 c.

Signé : MONT-ROCHET.

Ne vous connaissant pas de domicile rue d'Algérie, domicile que j'aurais difficilement trouvé puisque vous n'indiquez pas le numéro de la maison, — je ne sais pas trop pourquoi, — je me rends le lendemain à Villefranche, et je vous fais signifier, à vous et à Madame, l'acte suivant dans votre véritable domicile, à Blacé :

L'an mil huit cent soixante-quatre, et le neuf décembre,

A la requête de M. P. Martin, architecte, domicilié à Lyon, rue des Remparts-d'Ainay, 7, j'ai, Claude-Louis Lambert, huissier audiencier, reçu au tribunal civil séant à Villefranche (Rhône), y demeurant, soussigné,

Signifié, et déclaré à M. le comte et à Mme la comtesse de Villarson, propriétaires, domiciliés ensemble alternativement à Lyon et à Blacé, en ce dernier domicile où je suis allé, parlant, pour le mari, à un demestique à son service, pour l'épouse, à elle-même ;

Que le requérant a reçu, le 7 décembre courant, à six heures du soir, l'acte extra-judiciaire par lequel M. le comte de Villarson prétend lui réitérer le retrait de tout pouvoir relatif aux réparations et agrandissements du château de Blacé : que tout en acceptant, sous les réserves qui seront exprimées ci-après, ce retrait, il croit devoir protester contre la prétendue réitération qu'on déclare lui faire, car il n'avait encore reçu aucun avis à ce sujet ;

Que, quant à la sommation qui lui est faite, de délivrer à M. le comte de Villarson les comptes de tous les travaux et fournitures qu'il a commandées, avec les mémoires détaillés à l'appui, le requérant fera son possible pour déférer à un désir si naturel, aussi courtoisement exprimé ;

Qu'en ce qui concerne l'état des sommes par lui reçues, et par lui employées, ainsi que les pièces justificatives à l'appui, M. le comte n'a qu'à rappeler ses souvenirs pour savoir ce qu'il a remis au requérant, et à consulter l'état et les documents qui l'accompagnent, que le requérant lui a envoyés les 4 et 11 novembre dernier, pour savoir l'emploi qu'il a fait de l'argent des époux de Villarson, et être convaincu qu'il n'a pas été détourné de sa destination ;

En même temps, j'ai expliqué à M. le comte et à Mme la comtesse de Villarson que le requérant ne se considère nullement comme déchargé de la restauration complète sur ses plans, dessins et modèles, par lui dressés, du château de Blacé, tant à l'intérieur qu'à l'extérieur ; que ses dessins et ses plans constituent une œuvre d'art qu'il entend revendiquer, et dont il est seul et incommutable propriétaire ;

Qu'à cet effet, il fait toutes réserves, dans le cas où il plairait à M. et à Mme de Villarson de charger un autre architecte de l'achèvement des travaux à lui confiés, et qu'il se pourvoira devant les tribunaux compétents pour faire consacrer le droit ci-dessus invoqué.

Enfin, pour terminer, j'ai déclaré à M. et à Mme de Villarson que le requérant se réserve de leur réclamer le payement des sommes qui lui sont dues, à l'occasion des travaux dont il s'agit, et fait toutes protestations, tant en la forme qu'au fond, pour toutes autres réclamations et prétentions, que pour les frais du présent ;

Et, afin que lesdits époux de Villarson n'en ignorent, etc., etc.

Signé : LAMBERT.

Cette correspondance régulièrement échangée entre nous, j'écris aux fournisseurs pour leur demander leurs mémoires; les uns me les adressent quelques jours après; les autres me répondent qu'ils ne pourront me les remettre qu'après l'achèvement de leurs ouvrages. Quelques-uns ne répondent que tardivement ou pas du tout; j'adresse à l'un d'eux une lettre chargée pour constater son refus, il ne me répond pas. C'est l'un des ouvriers que vous m'avez présentés et qui n'aura rien à perdre à notre division. Un autre, enfin, m'écrit que vous lui avez donné l'ordre de porter son mémoire à un autre architecte.

Ainsi, pendant que vous me faites sommation de rassembler ces mémoires, vous vous arrangez avec les fournisseurs pour qu'ils ne me parviennent pas.

Cependant, j'en rassemble onze que je règle et que je présente le samedi 17 à Me Ginon, qui ne les reçoit que le 19, en collationnant avec moi la nomenclature de ces mémoires et des travaux en cours d'exécution ou à faire au commencement de 1865.

Il m'a été révélé, à ce moment, une particularité étrange qui se rattachait, du reste, à votre système de suspicion à mon sujet. Votre épouse était effrayée du chiffre annoncé des dépenses; *on* lui avait dit que la cheminée en pierre de Cruas de la salle à manger, coûtait, à raison de ses dimensions et de sa forme exceptionnelles, *huit mille francs*. J'ai répondu à Me Ginon qu'une convention écrite fixait le prix à *mille francs*, votre avoué n'a pu dissimuler son étonnement. Il m'a été dit aussi que vous refusiez différents objets, tels que les peintures faites à Versailles.

Je venais de recevoir le 16 la signification suivante :

L'an 1864 et le 16 décembre, j'ai, Marie-Philibert Aufert,

etc., à la requête de M. le comte de Villarson, propriétaire, domicilié à Lyon, rue d'Algérie, etc., ai déclaré au sieur Martin, architecte, demeurant à Lyon, etc.;

Que le requérant apprend avec étonnement que le sieur Martin continue de faire des commandes pour le château de Blacé, malgré la défense qui lui en a été faite par l'acte extra-judiciaire du 7 de ce mois, et par la lettre du 14 novembre dernier, réitérant elle-même des défenses antérieures; que cette conduite est entièrement inexplicable, et que le requérant n'entend nullement approuver les actes faits contre sa volonté, et j'ai audit sieur Martin fait sommation d'avoir à délivrer au requérant, dans les quarante-huit heures, le devis estimatif des travaux à effectuer au château de Blacé, devis qui fixe le prix de ces travaux à quarante-deux mille francs, en y comprenant toutes les fournitures et toute la main-d'œuvre; les plans, les dessins et tracés graphiques, le double des commandes par lui faites et les conventions par lui passées avec la date de ces actes jusqu'au 14 novembre dernier; l'indication de tout ce qu'il aurait pu faire, à tort ou à raison, depuis cette date, sous la réserve formelle de tous les droits du requérant contre les actes qui lui seraient préjudiciables ou qui auraient été faits sans droit;

Déclarant audit sieur Martin que, passé le délai sus-indiqué, délai fixé par l'acte extra-judiciaire du 7 de ce mois, il se pourvoira comme de droit;

Lui déclarant en plus que le requérant proteste contre la signification qui lui a été faite le neuf de ce mois au nom dudit sieur Martin.

Signé : Aufert.

Pour ne pas multiplier inutilement le papier timbré, je vous réponds le 18 décembre par une lettre chargée, ainsi conçue :

« Monsieur le comte de Villarson, à Blacé,

« J'ai l'honneur de répondre au nouvel acte extra-« judiciaire que vous m'avez fait remettre le 16 du

« courant; ma signification du 9 dernier y répond « par anticipation; je m'en réfère donc à cet acte « que je vous ai fait donner par M. Lambert, huissier « à Villefranche. Si vous désirez revoir mes plans, « mes études et visiter les tracés relatifs à l'agrandis- « sement et à la restauration du château de Blacé, « je les tiens à votre disposition dans mon cabinet, « sans déplacement.

« Vous m'indiquerez le jour et l'heure de votre visite, « pour me trouver chez moi, s'il vous plaît d'y venir.

« Les augmentations et les agrandissements que « vous m'avez demandés en 1864, et qui sont en train « de s'achever ou de s'exécuter, n'ont été l'objet « d'aucun devis particulier, je n'en ai donc pas à « vous montrer.

« Veuillez, Monsieur le comte, agréer mes salutations.

« P. Martin. »

Pour vous épargner un voyage à Lyon, et une visite dans mon cabinet, vous me faites donner, le 22 décembre, à 7 heures du soir, une assignation à comparaître, le lendemain 23, en l'audience des référés, par devant Monsieur le Président du Tribunal,

Pour ouïr ordonner, tous droits au fond réservés, que dans les 24 heures de l'ordonnance à intervenir, le sieur Martin sera tenu de délivrer au requérant tous les plans, dessins et devis qu'il a faits pour la restauration du château de Blacé; ouïr dire que les parties sont dès à présent renvoyées devant le Tribunal civil de Lyon, pour la question de propriété, et sur la demande de reddition des comptes de M. Martin, dépens joins au fond...., etc.

Signé : Aufert.

Je me rends à l'audience, et sur mes explications, Monsieur le Président prend seulement acte de mon offre de délivrer des copies de mes plans aux frais de M. de Villarson, avec réserve expresse de mon droit de propriété artistique.

Enfin, le 26 décembre, je suis assigné par-devant le Tribunal civil pour faire juger, au fond, la question que vous soulevez dans le but de me déposséder, sans me désintéresser, si cela est possible, puisque dans tous ces actes, dans toutes vos allégations, vous ne dites pas un mot de ce que vous pouvez me devoir; vous prétendez, au contraire, pour donner le change, que je suis votre débiteur.

Voici les termes de cette assignation :

Attendu que le requérant a confié à M. Martin, architecte, la direction des travaux et réparations qu'il entendait faire à son château de Blacé;

Attendu qu'en vue de ces travaux, M. Martin a soumis au requérant un devis estimatif qui en fixait la valeur à 42,000 fr.;

Attendu que le requérant a retiré sa confiance à M. Martin, et que ce dernier ne saurait dénier avoir reçu son congé au plus tard le (??) novembre dernier;

Attendu que, malgré maintes demandes faites avant et depuis cette époque, le requérant n'a pas encore pu obtenir un état général des commandes des travaux effectués par M. Martin ou sous ses ordres;

Attendu que ce retard calculé de M. Martin a eu pour but de faire, depuis son renvoi, de nouvelles commandes d'ouvrage, afin d'augmenter la rémunération;

Attendu qu'il a reçu du requérant : 1° deux billets de mille francs chacun, lesquels ont été escomptés au profit de M. Martin chez M. Salandrin, et acquittés à l'échéance par le requérant; 2° un autre billet de mille francs escompté au profit dudit Martin chez M. Dubost, et acquitté par le requérant (*j'ouvre ici une parenthèse pour ajouter :* après jugement contre vous); et un quatrième billet de même somme qui a été remis à Catoné et à Favre auquel le requérant en a tenu compte (*j'ouvre encore une parenthèse pour ajouter :* après assignation et n'étant pas payé le 31 décembre) ;

Attendu que le requérant lui a remis également en espèces 5,746 francs une fois, et 12,000 francs (*troisième et dernière parenthèse pour ajouter :* sur lesquels il m'a repris deux mille francs), soit en tout, billets et espèces, 21,746 fr. pour être employés au payement des ouvriers et fournisseurs de Blacé ;

Attendu que M. Martin doit compte de l'emploi de ces sommes ;

Attendu que M. Martin a refusé en référé de délivrer les devis, plans et dessins des réparations de Blacé, et que les parties ont été renvoyées à l'audience sur la question de propriété de ces pièces et les autres questions résultant des faits ci-dessus exposés ;

Par ces motifs, ouï dire et déclarer que M. le comte de Villarson est propriétaire unique des dessins, plans et devis dressés par M. Martin, architecte, pour la restauration du château de Blacé ; que ce dernier est tenu d'en effectuer la délivrance sur état au requérant dans les 24 heures du jugement à intervenir, à peine de cinquante francs pour chaque jour de retard, avec contrainte par corps ;

Ouïr ordonner que M. Martin sera tenu de produire, dans les trois jours de la demande, l'état complet de toutes les commandes qu'il a faites date par date, avec les pièces justificatives, à peine de toute nullité de toutes les commandes qui ne seraient pas agréées par le requérant et sous réserves de dommages-intérêts à fixer ultérieurement avec expertise ;

Ouïr ordonner que M. Martin rendra compte, dans les trois jours, de la demande des fonds qui lui ont été délivrés pour les ouvriers et fournisseurs, étant expliqué qu'il lui sera délivré, à requête, le double des factures acquittées qu'il a déjà transmises, à défaut de quoi, le compte sera ordonné, par expert, aux frais du sieur Martin ;

Ouïr, enfin, ce dernier condamner aux dépens qui comprendront ceux de référé, sous toutes réserves, etc.

Signé : AUFERT.

En attendant que le Tribunal ait prononcé, puisque vous voulez plaider, je constate, une fois de plus, que je vous ai délivré tous les titres justifiant au 4 novembre l'emploi de l'argent que j'ai reçu de votre maison ; que je vous ai montré tous mes projets, mes plans, mes études avant de les mettre à exécution ; et bien que dans plusieurs occasions vous n'y ayiez prêté qu'une attention distraite, il n'en est pas moins certain que vous les avez examinés, discutés ; le salon, la salle à manger, les boiseries, les cheminées, tout a été vu par vous. — Vous écrivez le contraire aux fournisseurs, parce qu'il vous convient de faire bon marché de ma réputation et de vos engagements.

Vous êtes conduit, par vos habitudes et par les besoins qui en résultent, à des expédients bien malhonnêtes, Monsieur, et vous seriez tenté de renouveler, aujourd'hui, avec moi, les dénégations singulières qui ont marqué certain procès devant le Tribunal civil de Villefranche en février 1863, et devant la 2e Chambre de la Cour impériale de Lyon, le 19 juin suivant; vous prenez là une voie dangereuse, je vous l'ai écrit.

Je salue avec respect la mémoire de l'amiral De Culan, qui porta si noblement son blason.

P. MARTIN.

31 Décembre 1864.

Lyon. — Impr. de Th. LÉPAGNEZ, petite rue de Cuire, 10.

www.ingramcontent.com/pod-product-compliance
Ingram Content Group UK Ltd.
Pitfield, Milton Keynes, MK11 3LW, UK
UKHW020448220726
13923UKWH00005B/2406